ESTUDIANTES JÓVENES

ESTUDIANTES JÓVENES

TODO SOBRE PERROS

CHARLOTTE THORNE

TODO SOBRE PERROS

CHARLOTTE THORNE

A los perros se les suele llamar el mejor amigo del hombre. Son animales asombrosos que han convivido con la gente durante mucho tiempo.

La domesticación de los perros se remonta al lobo gris. La domesticación significa que los humanos domesticaron a un animal para que viviera con nosotros.

¡Debido a la cría selectiva, los humanos han creado todo tipo de trabajos para los perros!

En el Antiguo Egipto, el dios
Anubis tenía cabeza de chacal,
animal relacionado con los
perros.

Una famosa pintura rupestre
en Europa representa a
antiguos humanos cazando
con perros antiguos.

Durante la guerra, los perros
servían como animales de guerra
y ayudaban a los soldados en
trabajos peligrosos.

Los perros pertenecen a la familia Canidae. La familia Canidae también incluye lobos, zorros y otros perros salvajes.

Los perros pueden oler muchas cosas porque tienen 300 millones de receptores.

Su audición es increíble. Pueden oír sonidos de alta frecuencia que nosotros no podemos.

Hay muchos perros famosos en todo el mundo.

Lassie the Rough Collie es un ícono en libros, películas y televisión. Es conocida por sus misiones de rescate.

Balto el Husky dirigió un equipo de perros de trineo a través de Alaska en 1925. Entregaron un importante medicamento a los humanos enfermos.

Rin Tin Tin, el pastor alemán,
fue uno de los actores caninos
más famosos y se le considera
la primera estrella de cine
canina del mundo.

Echemos un vistazo a las diferentes razas de perros.

Los Labrador
Retrievers son
perros amigables.
Les encanta el
agua.

Los pastores
alemanes son
inteligentes y
fuertes. Son
perros de trabajo
y tienen rasgos
protectores.

Los Golden Retrievers son razas populares y juguetonas. Son hermosos y llenos de personalidad.

Los bulldogs son arrugados y tienen cuerpos rechonchos. Son cachorros cariñosos.

Los beagles son perros curiosos y se utilizan en la caza. Tienen orejas caídas.

Los caniches son una de las razas de perros más inteligentes y se les conoce como perros elegantes.

Los rottweilers son perros poderosos. Son bebés adorables.

Los Yorkshire Terriers son pequeños paquetes de energía. Tienen abrigos largos y les encanta viajar con bolsos.

Los boxeadores son cachorros juguetones. Tienen la cabeza cuadrada y les encanta estar activos.

Los perros salchicha son perros calientes largos, lo que los hace únicos. ¡Tienen un gran espíritu para un cuerpo pequeño!

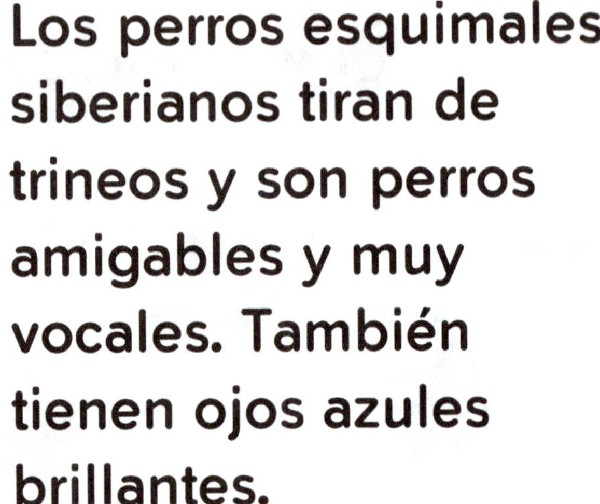

Los perros esquimales siberianos tiran de trineos y son perros amigables y muy vocales. También tienen ojos azules brillantes.

Los Doberman Pinscher son perros elegantes y fuertes. Son guardianes protectores.

Los Shih Tzu son pequeños perros falderos. Son mascotas muy amigables.

Los grandes daneses son perros muy altos. Pueden ser muy dulces.

Los Border Collies son ágiles e inteligentes. Tienen mucha energía.

Los perros pastores de Shetland son perros oyentes. Son conocidos por su espesa melena de pelo.

Los chihuahuas son pequeños pero tienen un corazón grande. Son dulces cuando se les respeta.

Los Pembroke Welsh Corgis son pequeños pero tienen orejas grandes. Sorprendentemente, son perros oyentes.

Los San Bernardo son conocidos por su trabajo de rescate. Son gigantes gentiles.

Los pastores australianos son mascotas inteligentes y ágiles. Trabajan como perros pastores.

Los pugs son bellezas pequeñas y arrugadas. Tienen un carácter muy juguetón pero testarudo.

Los Malamutes de Alaska son perros de trineo y pueden sobrevivir en climas fríos.

Los terriers australianos son pequeños y tienen un pelaje áspero. Son excelentes mascotas.

Los basenjis tienen aullidos parecidos a los del yodel. Son perros súper inteligentes e independientes.

Los Bichon Frisés parecen nubes. Tienen personalidades alegres.

Los sabuesos tienen orejas caídas y un gran sentido del olfato. También se utilizan en rescates.

Los Boston Terriers tienen abrigos de esmoquin. Son cachorros amigables.

Los Cavalier King Charles Spaniels tienen las mejores personalidades y bonitos pelajes.

Los Cocker Spaniels tienen orejas largas y sedosas y tienen un aire de clase.

¡Los mastines ingleses son perros gigantes! Son tranquilos y lindos.

Los Akitas son mascotas nobles. Son conocidos por su espeso pelaje.

Los malteses son pequeños perros blancos de muy buen gusto y les encanta llamar la atención.

Los perros de montaña birmanos son muy grandes pero muy amables.

Los pomerania son perritos peludos. Tienen personalidades audaces.

Los Rhodesian Ridgebacks tienen una "cresta" de pelo en la espalda. Se utilizan para la caza.

Los setters irlandeses son perros elegantes y vibrantes. Son bellezas extrovertidas.

Las orejas de Papillon parecen mariposas. Son bellezas amigables.

Los Whippets son súper rápidos, muy ágiles y amables con sus humanos.

Los Shar-Peis están muy arrugados. Son perros leales y protectores.

Los dálmatas son perros enérgicos y son el símbolo oficial de los parques de bomberos.

Los perros ayudan a los humanos todos los días.

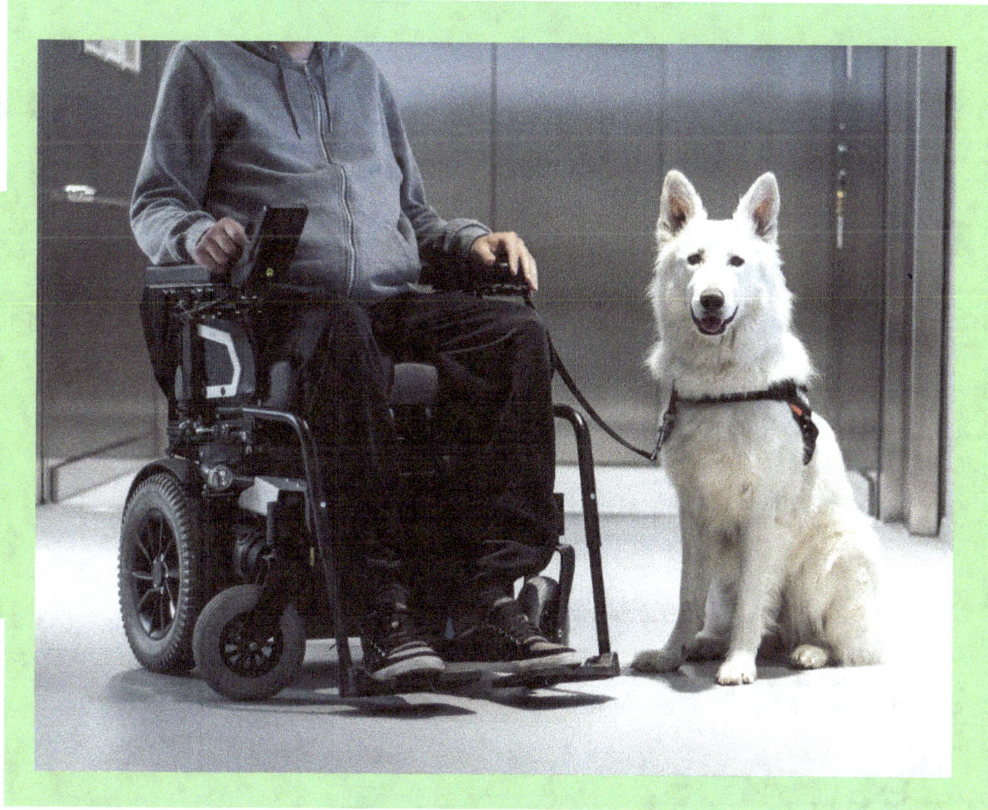

Muchos perros trabajan como animales de servicio, ayudando a personas con discapacidades.

Los perros de búsqueda y rescate trabajan para localizar a personas desaparecidas durante los desastres.

Los perros trabajan codo a codo con la policía. Los cachorros que no pasan el entrenamiento van a familias amorosas.

Los perros de terapia brindan apoyo emocional a las personas en hospitales y en la seguridad pública.

Los perros son una parte importante de nuestra vida cotidiana. Es importante cuidar a los perros. ¡No sólo son muy trabajadores sino también miembros importantes de nuestras familias!